NATIONAL
GEOGRAPHIC
School Publishing

Inventos

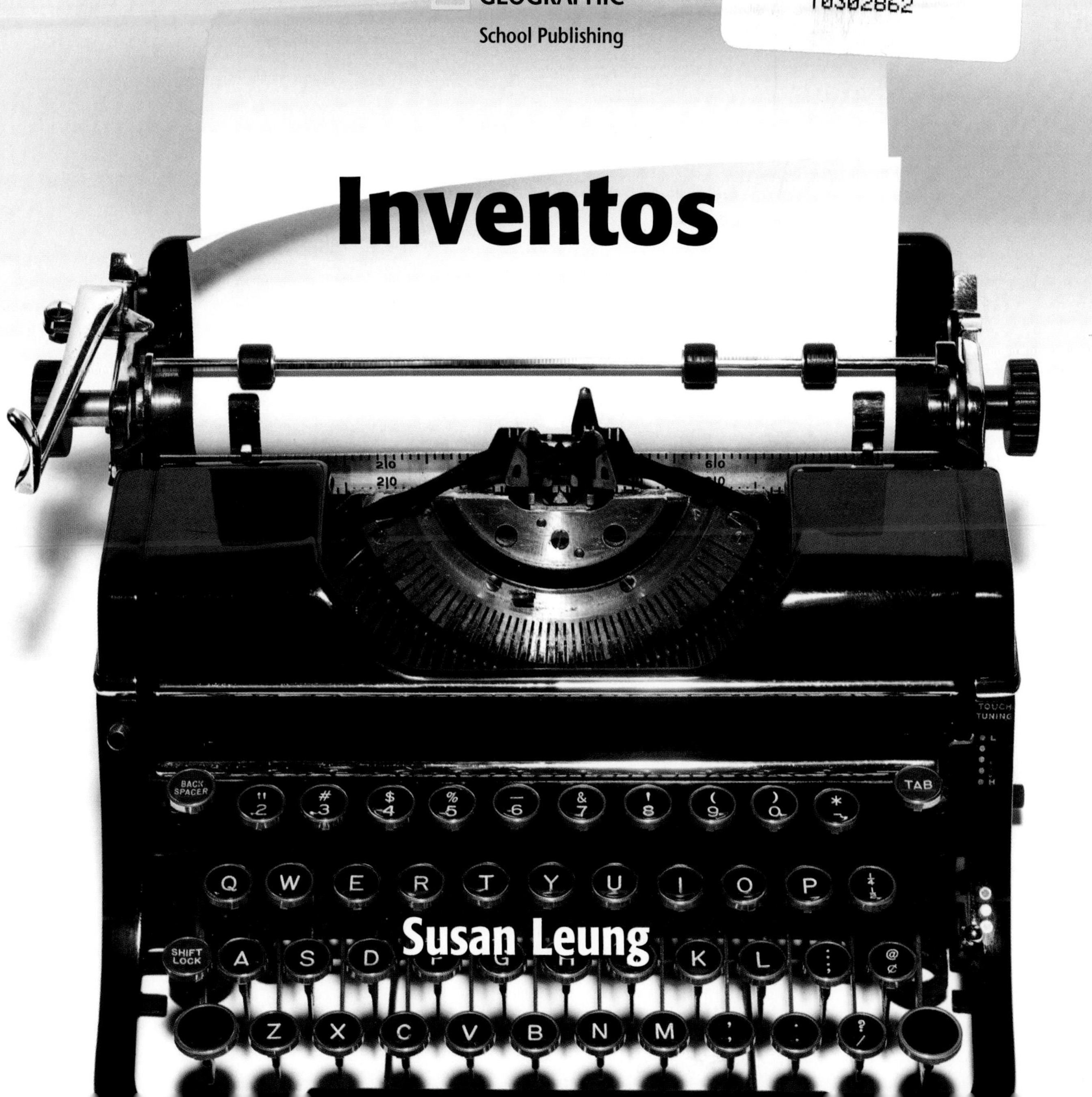

Susan Leung

PICTURE CREDITS
Cover, 1, 2, 4 (right above), 4 (right below), 6 (left), 7 (below), 8 (center), 11 (right), 13, 15 (below), 17, 18 (right), 19, 20 (right above), 21 (left below), Photolibrary.com; 4 (left), 10 (left), 10 (right), 11 (left), 11 (center), Comstock Images/Alamy; 5 (above), BananaStock/Alamy; 5 (below), 8 (left), 21 (right below), APL/Corbis; 6 (right), Dynamic Graphics Group/Creatas/Alamy; 7 (above), 15 (center), 16 (right), Getty Images; 8 (right), 9 (left), 9 (center), 20 (left), Gabe Palmer/Alamy; 9 (right), Medioimages/Alamy; 12 (left above), 12 (left below), 12 (right), 14 (above), 14 (left below), 14 (right below), Ibis for Kids Australia; 15 (above), Andriy Doriy/Alamy; 16 (left), POPPERFOTO/Alamy; 18 (left), WizData,inc./Alamy; 21 (above), Mark Jones/Alamy;

Produced through the worldwide resources of the National Geographic Society, John M. Fahey, Jr., President and Chief Executive Officer; Gilbert M. Grosvenor, Chairman of the Board.

PREPARED BY NATIONAL GEOGRAPHIC SCHOOL PUBLISHING
Steve Mico, Executive Vice President and Publisher, Children's Books and Education Publishing Group; Marianne Hiland, Editor in Chief; Lynnette Brent, Executive Editor; Michael Murphy and Barbara Wood, Senior Editors; Nicole Rouse, Editor; Bea Jackson, Design Director; David Dumo, Art Director; Shanin Glenn, Designer; Margaret Sidlosky, Illustrations Director; Matt Wascavage, Manager of Publishing Services; Sean Philpotts, Production Manager.

SPANISH LANGUAGE VERSION PREPARED BY NATIONAL GEOGRAPHIC SCHOOL PUBLISHING GROUP
Sheron Long, CEO; Sam Gesumaria, President; Fran Downey, Vice President and Publisher; Margaret Sidlosky, Director of Design and Illustrations; Paul Osborn, Senior Editor; Sean Philpotts, Project Manager; Lisa Pergolizzi, Production Manager.

MANUFACTURING AND QUALITY MANAGEMENT
Christopher A. Liedel, Chief Financial Officer; George Bounelis, Vice President; Clifton M. Brown III, Director.

BOOK DEVELOPMENT
Ibis for Kids Australia Pty Limited.

SPANISH LANGUAGE TRANSLATION
Tatiana Acosta/Guillermo Gutiérrez

SPANISH LANGUAGE BOOK DEVELOPMENT
Navta Associates, Inc.

Published by the National Geographic Society
Washington, D.C. 20036-4688

ISBN: 978-0-7362-3864-9

Printed in the U.S.A.

19 18 17 16 15 14 13

10 9 8 7 6 5 4 3 2

Contenido

Pensar y conversar	4
¿Qué es un invento?	6
Los inventos y el cambio	8
Mantenerse igual	12
Un invento conduce a otro	14
Solucionar problemas	16
Inventos que nos ponemos	18
Usar lo que aprendieron	20
Glosario	22
Índice	24

Pensar y conversar

¿Qué ven en estas fotografías?
¿Cómo era la vida antes de estos inventos?

¿Qué es un invento?

Un **invento** es algo nuevo. Se puede tratar de un nuevo **producto** o de una nueva manera de hacer algo. Los inventos pueden cambiar nuestra forma de vivir.

Esta máquina de coser se **inventó** hace más de cien años. Funciona moviendo un pedal con el pie.

La máquina de coser eléctrica permite coser más rápido.

Hace mucho tiempo, la gente usaba lámparas de queroseno y velas.

La bombilla eléctrica proporciona luz durante toda la noche.

Los inventos y el cambio

Algunos inventos se han ido **mejorando.** El teléfono se inventó en 1876. Esta **línea cronológica** muestra cómo ha ido cambiando.

Alexander Graham Bell fue un **inventor.** Inventó el teléfono.

Los teléfonos no tenían números ni disco de marcar. Una operadora ayudaba a las personas a realizar las llamadas.

Los teléfonos tenían un disco de marcar.

1876

década de 1890

décac de 19.

Los teléfonos celulares
se hicieron populares.

Los teléfonos inalámbricos
se hicieron populares.

Se empiezan a utilizar
teclados de botones.

década de 1960

década de 1980

década de 1990

El fonógrafo es un invento que reproduce música. Se inventó en 1877. Desde entonces, se han inventado otras maneras de reproducir música.

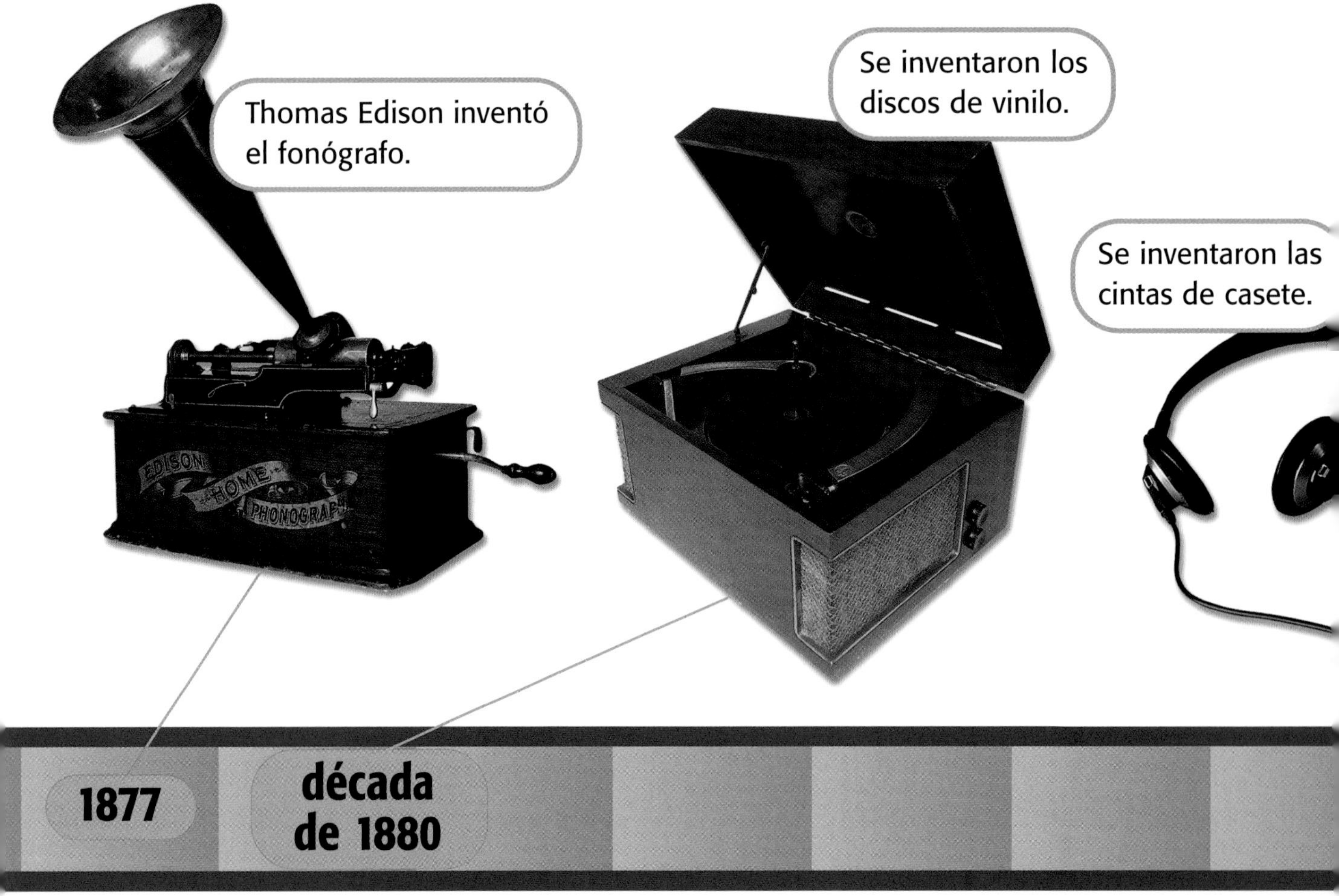

Se empiezan a utilizar los discos compactos (CDs) y los reproductores de CDs.

Se empiezan a utilizar los reproductores MP3.

década de 1960

década de 1980

década de 1990

Mantenerse igual

Algunos inventos no han cambiado mucho. Son cosas sencillas. Una vez que fueron inventadas, no hizo falta mejorarlas mucho.

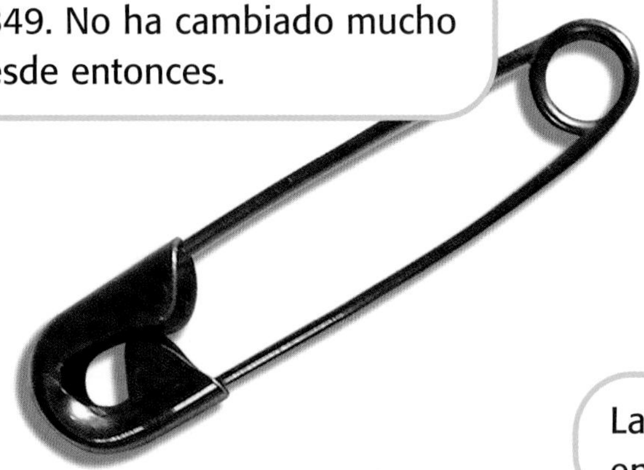

El imperdible se inventó en 1849. No ha cambiado mucho desde entonces.

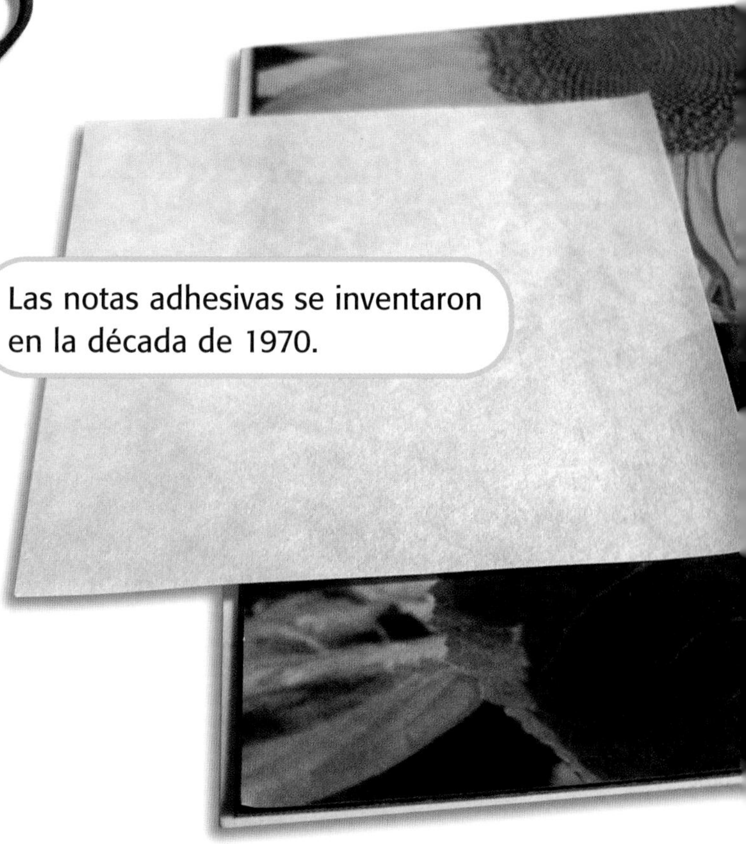

Las notas adhesivas se inventaron en la década de 1970.

El sujetapapeles se inventó en 1899.

El sándwich se inventó en 1762. Se llamó así por el conde de Sandwich.

La mayonesa fue inventada por un jefe de cocina francés en 1756.

Un invento conduce a otro

Algunos artículos se usan juntos, aunque no se inventaran al mismo tiempo.

Primero se inventó el lápiz. Después se inventaron las gomas de borrar y los sacapuntas.

El lápiz se inventó en la década de 1560.

La goma de borrar se inventó en 1770.

El sacapuntas se inventó en la década de 1840.

Primero se inventó la lata. Después se inventaron los abrelatas.

La lata se inventó en 1810.

Cuarenta y ocho años más tarde se inventó una herramienta especial para abrir latas.

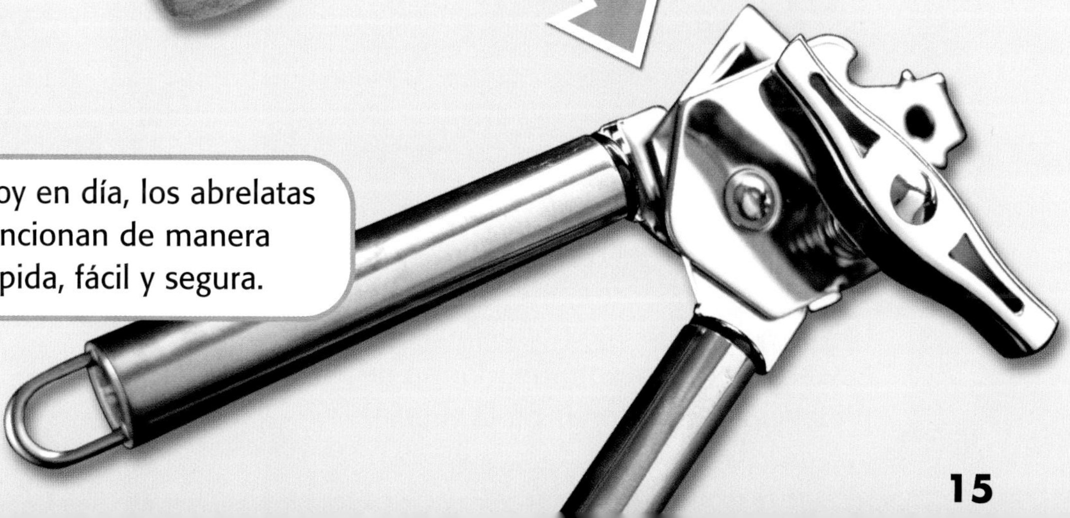

Hoy en día, los abrelatas funcionan de manera rápida, fácil y segura.

Solucionar problemas

Muchos inventores resuelven problemas encontrando nuevas formas de ayudar a la gente. Un inventor puede pasar meses o años tratando de solucionar un problema.

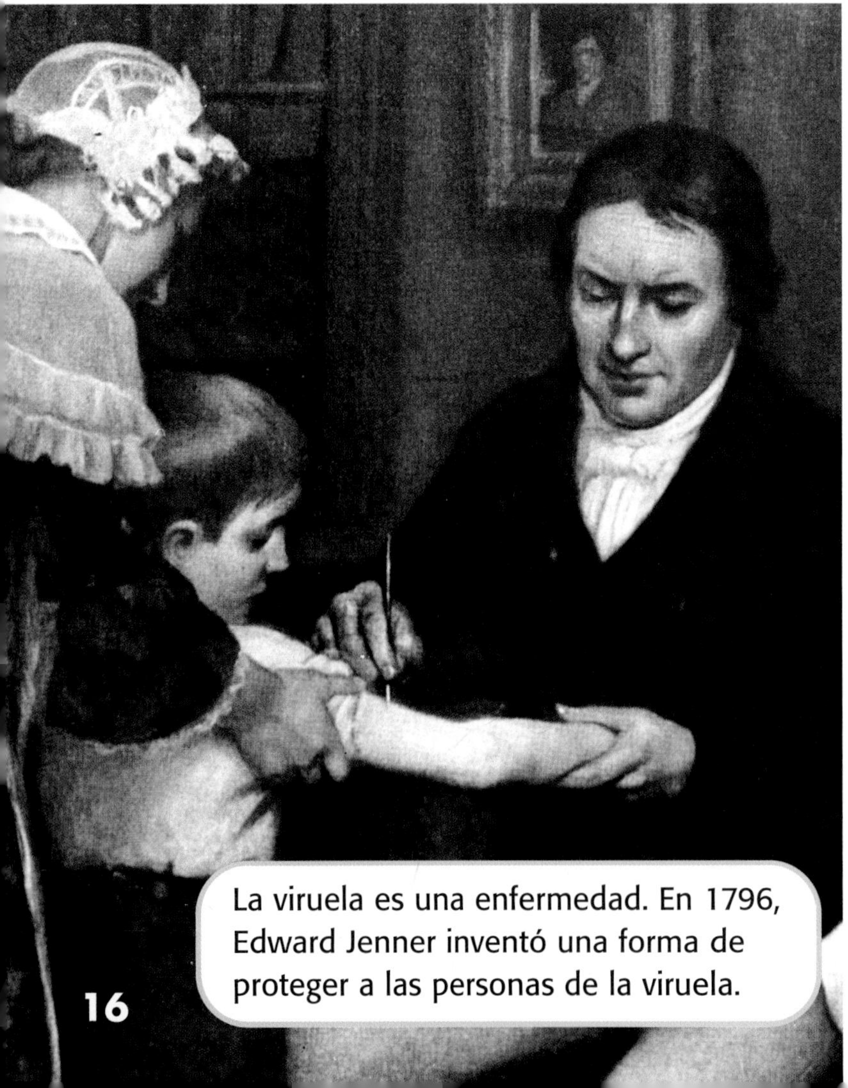

La viruela es una enfermedad. En 1796, Edward Jenner inventó una forma de proteger a las personas de la viruela.

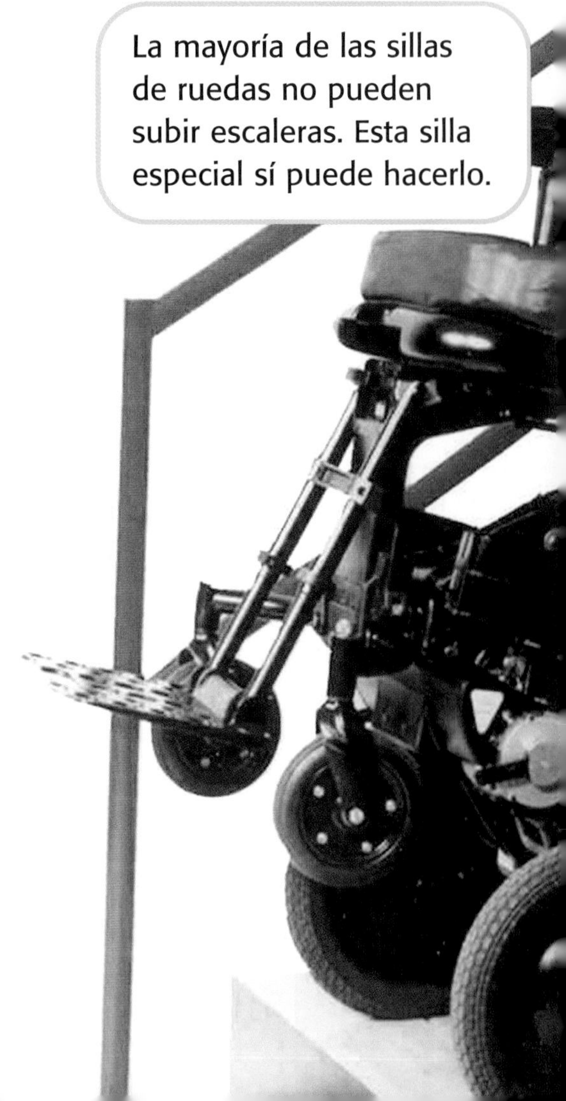

La mayoría de las sillas de ruedas no pueden subir escaleras. Esta silla especial sí puede hacerlo.

En la década de 1820, Louis Braille inventó un método de lectura para los ciegos. Su invento se llama Braille.

Inventos que nos ponemos

Algunos inventores crean nuevas prendas de vestir. Hasta los cierres de nuestra ropa tuvieron que ser inventados.

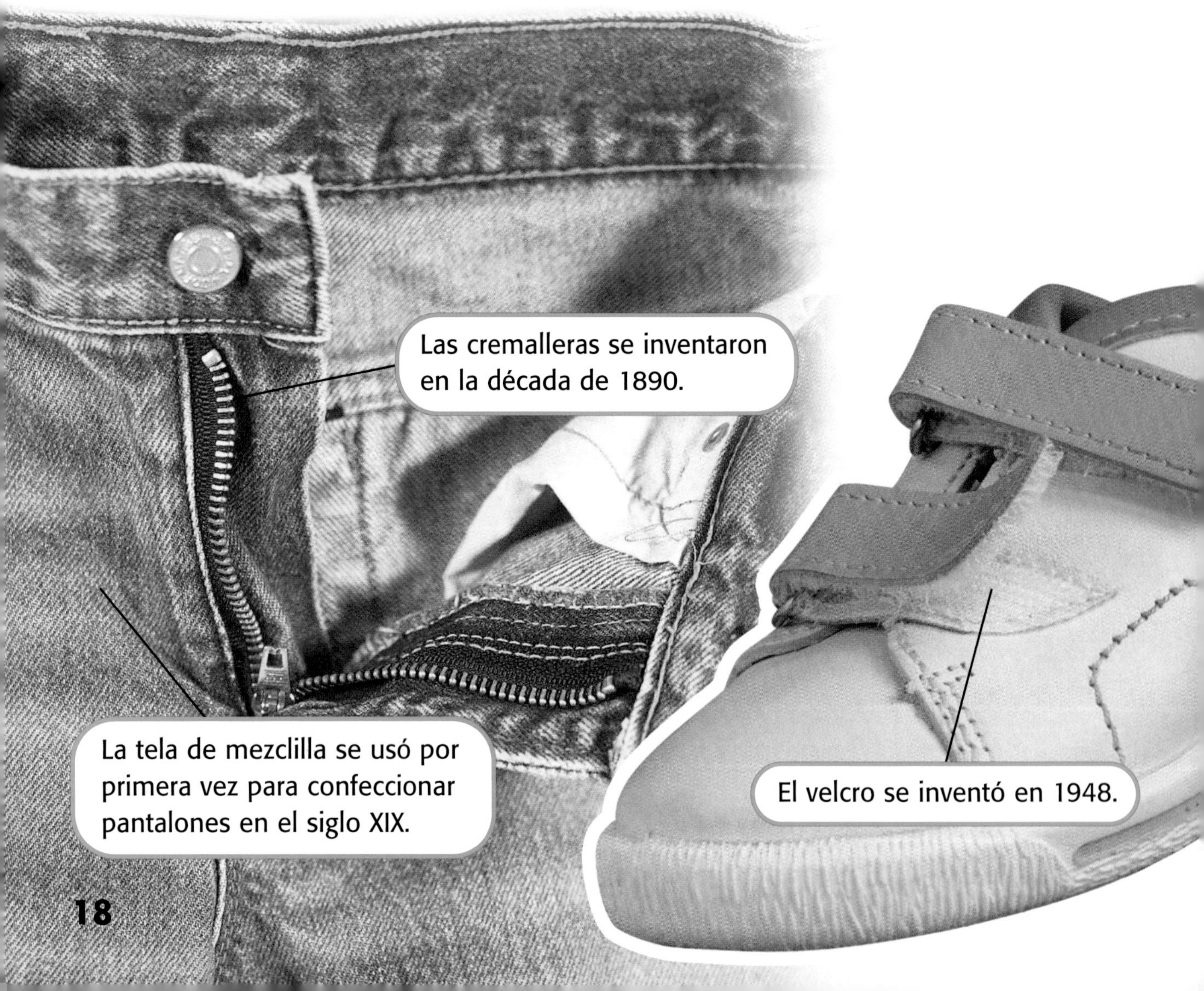

Los primeros lentes oscuros se inventaron en 1752.

La tela elástica para hacer prendas deportivas se inventó en la década de 1950.

Usar lo que aprendieron

¿Cómo cambió la vida de la gente gracias a estos inventos? ¿Cómo han ido cambiando estos inventos con el tiempo?

inventar

invento

inventor

línea cronológica

mejorar

producto

Glosario

CONCEPTO CLAVE

inventar (página 6)
Crear algo que no existía antes
A veces, las personas inventan cosas para solucionar problemas.

CONCEPTO CLAVE

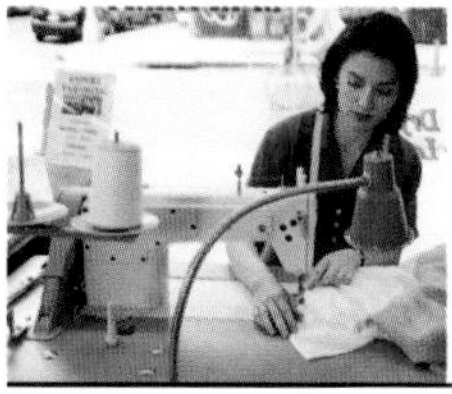

invento (página 6)
Producto nuevo o nueva manera de hacer las cosas
La máquina de coser fue un invento muy útil.

CONCEPTO CLAVE

inventor (página 8)
Persona que inventa algo
Alexander Graham Bell fue el inventor del telefono.

CONCEPTO CLAVE

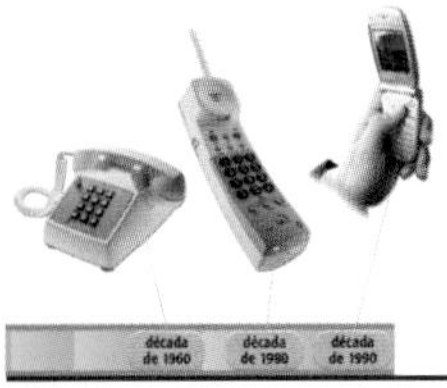

línea cronológica (página 8)
Manera de mostrar los sucesos en el orden en que ocurrieron
Una línea cronológica del teléfono muestra cómo éste ha ido cambiando a lo largo del tiempo.

CONCEPTO CLAVE

mejorar (página 8)
Hacer que algo sea mejor de lo que era
Algunos inventos se han ido mejorando.

CONCEPTO CLAVE

producto (página 6)
Algo que se fabrica para que la gente lo use
Un lápiz es un producto.

Índice

abrelatas	15
bombilla eléctrica	7
Braille	17
goma de borrar	14
imperdible	12
invento	6, 8, 10, 12, 14, 17, 18, 21
lápiz	14
lata	15
línea cronológica	8, 21
máquina de coser	6
música	10–11
notas adhesivas	12
prendas de vestir	18, 19
sacapuntas	14
sándwich	13
silla de ruedas	16
sujetapapeles	12
teléfono	8–9